BEI GRIN MACHT SICH IHR WISSEN BEZAHLT

- Wir veröffentlichen Ihre Hausarbeit,
  Bachelor- und Masterarbeit

- Ihr eigenes eBook und Buch -
  weltweit in allen wichtigen Shops

- Verdienen Sie an jedem Verkauf

Jetzt bei www.GRIN.com hochladen und kostenlos publizieren

Adornos "Theorien über den Ursprung der Kunst" aus heutiger Sicht

Johannes Rudloff

Bibliografische Information der Deutschen Nationalbibliothek:

Die Deutsche Nationalbibliothek verzeichnet diese Publikation in der Deutschen Nationalbibliografie; detaillierte bibliografische Daten sind im Internet über http://dnb.d-nb.de abrufbar.

ISBN: 9783346834744
Dieses Buch ist auch als E-Book erhältlich.

Druck und Bindung: Books on Demand GmbH, Norderstedt Germany
Gedruckt auf säurefreiem Papier aus verantwortungsvollen Quellen

Das vorliegende Werk wurde sorgfältig erarbeitet. Dennoch übernehmen Autoren und Verlag für die Richtigkeit von Angaben, Hinweisen, Links und Ratschlägen sowie eventuelle Druckfehler keine Haftung.

Das Buch bei GRIN: https://www.grin.com/document/1335595

Referatsverschriftlichung

Seminar

„Politik und Erschütterung. Adornos »Ästhetische Theorie«"

WS 2019/20

Eine kritische Betrachtung der „Theorien über den Ursprung der Kunst" aus der Perspektive der Gegenwart (»Ästhetische Theorie«, T. W. Adorno)

Johannes Michael Rudloff - Bild | Raum | Objekt | Glas

Malerei und Grafik

Inhaltsverzeichnis

EINLEITUNG

Die „Theorien über den Ursprung der Kunst" sind ein Exkurs über Ästhetik und ästhetisches
Verhalten, sowie ein Versuch sich dem Wesen der Kunst zu nähern. Grundlage für die
Referatsverschriftlichung sind diese zehn Seiten Text im Paralipomena, dem letzten Kapitel
des nie zum Abschluss gebrachten Buchs „Ästhetische Theorie" von Theodor W. Adorno. Ein
umstrittenes Buch, welches posthum vor knapp fünfzig Jahren (1970) von seiner Frau Gretel
Adorno und Rolf Tiedemann herausgegeben wurde. Seitdem haben sich soziale Mechanismen
und weltanschauliche Perspektiven in der Gesellschaft stark verändert. Daher stellen sich
folgende Fragen: Inwiefern ist der Gedanke, Kunst besäße ein ergründbares und
ursprüngliches Wesen heute noch relevant? Ist das Suchen nach einer Wahrheit und einem
„richtigen" Verständnis von der Welt obsolet geworden? Was hat zeitgenössische Kunst damit
zu tun?

Die folgende Auseinandersetzung ist der Versuch mir einen Zugang zu Adornos Gedankenwelt
zu verschaffen und diese in eigene Worte zu fassen, um schließlich eine Form zu finden,
welche subjektive Schlussfolgerungen, eigene Positionen und mögliche Bezugnahmen zur
Gegenwart zulässt. Dabei begebe ich mich auf das Terrain einer intuitiven Auseinandersetzung
und laufe dabei Gefahr, philosophischen Fachbegriffen in ihrer Komplexität nicht gerecht zu
werden und über Adornos Ziele hinauszuschießen oder das Gegenteil, die Tiefe seiner
Gedanken nicht zu erreichen. Die Verschriftlichung ist demzufolge lediglich der Versuch einer
möglichst objektiven und dennoch persönlichen Interpretation, mit der Absicht den Text auf
einer gegenwärtigen Ebene verorten zu können.

1. Kritik an der wissenschaftlichen Ergründung des Wesens von Kunst

Adorno behauptet, das Wesen der Kunst und somit auch die Ästhetik als solche lassen sich nicht (geschichts-) wissenschaftlich auf einen Ursprung zurückverfolgen, bzw. wissenschaftlich von einer ursprünglichen einheitlichen Wesensart ableiten. Dass tatsächlich ein Wesen von Kunst existiert, setzt Adorno in seinen Ausführungen voraus! Interessant ist hier die Frage, ob ein wahres Wesen (der Kunst) einen Ewigkeitsanspruch besitzen muss, da es sonst wegen seiner Wandelbarkeit nicht fassbar bzw. definierbar sein würde. Müssten wir also von mehreren Wesen der Kunst sprechen?

„Kunst aber historisch, auf ihren vor - oder frühgeschichtlichen Ursprung zu reduzieren, verbietet ihr Charakter, der des Gewordenen."[1]

Von der Kritik Adornos gegenüber den Ursprungstheorien lässt sich schlussfolgern, dass sich das Wesen von Kunst im allgemeinen nicht aus konstanten messbaren Einheiten konstituiert, aber sich hinter dem Begriff der Kunst zum einen mehrere (u. a. historische) Bedeutungen und ein unergründliches Wesen verbergen. Möglicherweise gab es auch unter den prähistorischen Menschen keinen einheitlichen Konsens darüber, was Kunst ist. Plausibel ist, dass die Hinterfragung künstlerischer Praxis bzw. der „Kunstbegriff" selbst ein abstraktes Konstrukt aus der Neuzeit ist, dem frühen Menschen vielleicht völlig fremd.[2]

Die Wissenschaft sei dem Autor zufolge keine Methode, das Wesen der Kunst authentisch zu ergründen. Im Gegenteil, die Mechanismen positivistisch-wissenschaftlicher Erklärungsversuche haben nichts mit einer Erkenntnis zu tun und verfehlen die Ergründung von Kunst dadurch, dass sie die Existenzfrage des Wesens von Kunst ignoriert. Doch abgesehen von der Existenzfrage eines Wesens von Kunst, bezweifelt er die (fundierte) Aussagekraft wissenschaftlicher Rückschlüsse über historische bzw. (insbesondere) prähistorische Kunst.

„Weder sind die frühesten überlieferten Zeugnisse von Kunst die authentischesten, ... , ... eher trübt es sich in ihnen. ... . Wenig oder nichts über gleichzeitige Musik oder Dichtung ist bekannt, es fehlen Hinweise .... ."[3]

---

1   Adorno 1973, S.481.
2   Ebd., S.482.
3   Ebd., S.481.

Der Charakter der Geschichte ist fragmentarisch. Abgesehen von fehlenden Hinweisen, sind Zeitzeugnisse und Artefakte immer auch vor dem Hintergrund der aktuellen und historischen Deutungshoheit zu betrachten. Machtverhältnisse, wie auch Hierarchien, z.B. unter den Geschlechtern prägen das Bild einer nicht unbedingten authentischen Geschichte. So ist unsere Geschichtsschreibung vorrangig weiss und männlich geprägt.

Für Adorno hat die positivistische Wissenschaft die Tendenz, das Wesen der Kunst zu einer unwandelbaren und eindeutig bestimmbaren Kategorie reduzieren zu wollen. In diesem Zusammenhang stelle ich auch seinen Kommentar zu Benedetto Croce, einer der ersten Philosophen, der sich über den Ursprung der Kunst Gedanken machte.[4]

„So richtig indessen die Intention, das Älteste nicht mit dem Begriff der Sache selbst zu konfundieren, … , so fragwürdig Croces Argumentation. Indem er Kunst umstandslos mit Ausdruck identifiziert, der von der menschlichen Geschichte gesetzt sei, wird ihm Kunst abermals zu dem was sie der Geschichtsphilosophie am wenigsten sein dürfte, einer Kategorie, einer invarianten Form des Bewusstseins, … ."[5]

Nicht nur in Bezug auf die Ursprungsfrage der Kunst äußert sich Adorno gegenüber der positivistischen Wissenschaft skeptisch! Im Verlauf des Textes wirft er ihr vor, Ängste und Tabus voranzutreiben, welche der Ergründung von Geschichte und dem Finden von allgemeinen (existenziellen) Zusammenhängen im Wege stehen.[6]

„Die verzweigten empirischen Untersuchungen allerdings, …, veranlassen schwerlich zur Revision … . Allzu bequem ließe die Verantwortung dafür dem vordringenden Positivismus sich aufbürden, der, aus Angst vor der Widerlegung durchs nächste Faktum, einstimmige Theoriebildung nicht mehr wagt und die Ansammlung von Fakten mobilisiert, um zu beweisen, daß gediegene Wissenschaft Theorie großen Stils nicht länger dulde."[7]

Methodisches positivistisches Schlussfolgern – wie es die Wissenschaft verlangt – zur gesellschaftlichen Denkweise zu erheben und dieses mit Erkenntnis zu vertauschen, führt nach Adorno zu einer Ideologie „ … , *die darüber betrügt, daß es keine mehr gibt."*[8].

---

4 Ebd., S.481.
5 Ebd., S.481.
6 Adorno 1973, S.481-482.
7 Ebd., S.481.
8 Adorno 1951, S.13.

Hier vermute ich, dass Adorno den Positivismus als eine Teilursache und als ein Symptom eines Mechanismus versteht, der dazu beigetragen hat, dass das Streben nach Erkenntnis in die ganz persönliche Privatsphäre verdrängt wurde. Dies führe dann dazu, dass eine gesamtgesellschaftliche Vision, bzw. das Streben nach einer Wahrheit durch ein Gesellschaftssystem ersetzt wurde, in welchem der Mensch direkt mit einer Warenproduktion in ein Verhältnis gesetzt wird. Vor dem Hintergrund, das Adorno mit dem Neomarxismus sympathisiert haben dürfte, lässt sich annehmen, dass er in der Kunst das Potential sah, diese starren gesellschaftlichen Strukturen zu durchbrechen![9]

„Aber das Verhältnis von Leben und Produktion, das jenes real herabsetzt zur ephemeren Erscheinung von dieser, ist vollendet widersinnig. Mittel und Zweck werden vertauscht"[10]

Im Zusammenhang mit der Kunst verwendet Adorno für die Systemangepassten (die dem positivistischen Geist untertänigen) Menschen den Sammelbegriff: "Amusische".

„Das ans Licht Drängende, dem Bann sich Entringende der ästhetischen Verhaltensweise zeigt sich e contrario an Menschen, denen sie abgeht, den Amusischen. ... . Ihr Studium müsste für die Analyse des ästhetischen Verhaltens unschätzbar sein."[11]

Er beurteilt die sogenannten "Amusischen" als keineswegs fortgeschritten, aber in ihrer Komplexität bis ins Pathogene deformiert: konkretistisch.[12]
Nach Adorno ist der Positivismus der Schwachsinn der Amusischen und erfolgreich Kastrierten.[13] Hier straft Adorno die Amusischen nach seinem Weltbild in einer Weise ab, die man zu seiner Zeit vielleicht noch als polemisch bewertet hätte. Im nächsten Abschnitt „Vereinheitlichung der Kunst" möchte ich versuchen Adornos Polemik vorerst herauszunehmen, um seine Gedankenkonstruktionen zum Kunstbegriff nach meinem Verständnis aufzuschlüsseln.

---

9   Ebd,. S.13.
10 Ebd., S.13.
11 Adorno 1973, S.488.
12 Ebd., S.488
13 Ebd., S.488-489.

2.   Die Vereinheitlichung durch den "Begriff"

„Versagt sich die gegenwärtige
Wissenschaft der monistischen
Antwort auf die Frage woher Kunst
komme, was sie ursprünglich
gewesen und geblieben sei, so
meldet darin ein Wahrheitsmoment
sich an. Kunst als Einheit markiert
eine sehr späte Stufe."[14]

Abb. II: Theobald von Oer, Der Weimarer Musenhof, 1857

Im Zusammenhang mit dem oben stehenden Zitat spricht Adorno von einer Vereinheitlichung der Kunst im Zuge des Aufklärungsprozesses und beschreibt diesen als einen integrativen Vorgang.[15] Mit Vereinheitlichung meint der Philosoph hier vermutlich den Hergang der Determinierung von Kunst durch das Festlegen eines Kunstbegriffes. Kunst ist Kunst weil sie bestimmte Aufgaben und Parameter, eingebettet in einem kulturellen Rahmen erfüllt! Ganz im Geiste einer rationalistischen Aufklärung, welche einen übergeordneten (z.B. religiösen oder absolutistischen) Wahrheitsanspruch ablehnte, könnte man den Prozess des Aufklärens als das Vorhaben bezeichnen, durch Wissen und Erkenntnisse Antworten auf Fragen zu finden und Zweifel, bzw. falsche Annahmen auszuräumen. „Cogito ergo sum." (Ich denke also bin) als Slogan einer Rationalisierung![16]

„Was im Dämmer der Vorwelt zu verschwimmen scheint, ist vag nicht allein seiner Ferne
wegen, sondern weil es etwas von jenem Vagen, dem Begriff Inadäquaten errettet, dem die
fortschreitende Integration unermüdlich nach dem Leben trachtet."[17]

Der über die Vereinheitlichung entstandene Kunstbegriff, bezogen auf die künstlerische Praxis

---

14 Adorno 1973, S.482.
15 Ebd. S.482.
16 Wikipedia, Die freie Enzyklopädie. Seite: *Aufklärung*, Bearbeitungsstand: 11.04.2020
     https://de.wikipedia.org/w/index.php?title=Aufkl%C3%A4rung&oldid=198737172 (21.04.2020)

17 Adorno 1973, S.482

vorgeschichtlicher Kunst scheint Adorno inadäquat. Vereinheitlichung bedeutet für den Autor ein integratives, subsumierendes Prinzip, mit dem grundlegenden Fehler den Geist und den Zugang zu transzendenten Erfahrungsbereichen zu verschließen, in dem es Vernunft und Emotionalität voneinander abkoppelt und die Dinge "verbegrifflicht". Mit anderen Worten: Das Wesen der Kunst (– falls es eines gibt), lässt sich nicht unter einem (erklärbaren) Begriff oder einer Kategorie zusammenfassen.[18]

Anhand des Ursprungsproblem der Kunst, – mitsamt der kunsthistorischen Sackgassen, verdeutlicht der Philosoph und Soziologe die Schwierigkeiten, prehistorische Kunst für die Gegenwart zugänglich zu machen. Die Debatte, ob naturalistische Kunst eher existierte, – als symbolgeometrische Kunst, ist nicht zielführend für die Ergründung von Kunst. In diesem Zusammenhang zitiert er Arnold Hauser, der auch schon ähnliche Gedanken dazu formuliert hatte:

"Der Dualismus des Sichtbaren und des Unsichtbaren, des Gesehenen und des Gewußten bleibt ihr [sc. Der paläolithischen Malerei] vollkommen fremd."[19]

Adorno ist davon überzeugt, dass das wahre Wesen der Kunst – egal aus welchem Zeitalter sie stammt – nur zu (be-)greifen ist, wenn man ihr völlig offen und unvoreingenommen begegnet. Nach Adorno – so nach meinem Verständnis – muss man sich als Betrachter*in von den Mechanismen der Verdinglichung durch gesellschaftliche Strukturen und den eignen subjektiven kulturellen Erfahrungen befreien.[20] Erst dann schafft man die Bedingungen, sich dem Wesen der Kunst (und vielleicht damit dem wahren Wesen der menschlichen Natur) zu nähern. Mit dieser Betrachtung wird jeder Kunstbegriff aufgesprengt! Was würde wohl Adorno zu gesellschaftskritischer Kunst sagen, welche oft gerade den gesellschaftlichen Kontext benötigt, um relevant und verständlich zu sein?
Adorno geht einen anderen Weg! Er verbindet Kunst mit Transzendenz und verknüpft diese mit einer gesesellschaftskritischen Haltung. Er verbindet, was bis dahin vielleicht ein Novum war, die Kunst mit der Philosphie und Soziolgie. Der Philosoph in ihm – so vermute ich – glaubte über das Wesen der Kunst, auch die befreite Natur (oder das wahre Wesen) des Menschen zu

---

18 Adorno 1973, S.489.
19 Hauser 1967, S.1
20 YOUTUBE, *Ein Gespräch zwischen Theodor W. Adorno und Arnold Gehlen für den Südwestfunk*
    User: diagonetik, veröffentlicht: 07.12.2017, Link: https://www.youtube.com/watch?v=FcZ05jxCLGs (19.04.2020)
    48. Minute

entdecken. Bezogen auf die gesellschaftliche Ebene kommt der Kunst damit eine spezielle Bedeutung zu. Nämlich die der Erzeugung von Pufferzonen, welche sich im Spektrum der Kunst –und in den von Kunst geschaffenen Freiräumen – widerspiegelt. Kunst schafft Freiräume und aus Freiräumen erwächst Kunst! Gleichzeitig wird das Individuum mit dem kollektiven Wesen der Gesellschaft in eine Beziehung gesetzt. Das Wesen der Kunst, das Wesen eines Einzelnen und das Wesen der kollektiven Gesellschaft werden miteinander verbunden. Die kollektive Lebensweise der Gesellschaft jedoch befindet sich in einem stetigen Wandel, welche zu Diskrepanzen und (politisch gesprochen) zu Ungerechtigkeiten führt.

Adornos Haltung – ob nun politisch oder philosophisch – lässt sich aus dem Text nicht zweifelsfrei definieren. Vielmehr erahnt man sie aus der Gegenpositionierung zur Konformität zum Liberalismus. Adorno sieht die Notwendigkeit, Kritik an einer Gesellschaft zu üben, die der ständigen Gefahr ausgesetzt ist, das Individuum zu sehr einzuschränken und damit unmenschlich (seinem Wesen widersprechend) oder gar menschenverachtend zu werden. Kunst hat demzufolge vielleicht nach Adorno die Aufgabe, der Menschlichkeit (menschlichen Würde) und der Suche nach einem „richtigen" Leben – einen Raum zu geben und diese damit zu bewahren.

Da Kunst deswegen von gesellschaftlichen hierarchischen Strukturen befreit sein muss; Autonomie anstrebt (Kunstfreiheit), schwebt sie fast haltlos in einer vielleicht unlösbaren Identitätskrise. Widersprüchlicherweise sucht die Kunst, wie auch das Individuum, oftmals nach einem Sinnzusammenhang. Konkret bedeutet dies die Einbettung der Kunst oder des persönlichen Lebens in eine gesellschaftliche Struktur. Kunst will gehört werden und sie will ein kultureller Bestandteil sein! An diesem schwierigen Punkt setzt – meiner Ansicht nach – die „Ästhetische Theorie" von Adorno an. Über die Kunst meint der Philosoph einen Bezug zum Transzendenten zu entdecken, welcher quasi religiösen Züge trägt.

Religion, Animismus und Magie sind ebenfalls Schlagwörter in den Theorien zum Ursprung des Wesens der Kunst, welche von dem Philosophen scheinbar bis zum Punkt der Menschwerdung zurückverfolgt werden. Adorno orientiert sich an Hauser, welcher die Religion stark von der Magie abtrennt.[21] Nach Hauser ist unter Magie der Glaube an die Übertragung von Kräften durch das Abbilden bzw. durch die Abbildung(en) selbst gemeint.[22]

"Der paläolithische Jäger und Maler dachte in dem Bild das Ding selbst zu besitzen, mit der Abbildung Gewalt über das Abgebildete zu gewinnen."[23]

---

21 Adorno 1973, S.483.
22 Ebd., S.483, 484, 485.
23 Ebd., S.483.

Adorno scheint die Auffassung von Hauser in einigen Punkten zu teilen, meint allerdings auch, dass die ältesten Phänomene von einer objektiven Undurchdringlichkeit umgeben seien, welche für uns wohl nicht nachvollzogen werden kann.

Dies verlockt zur der Aussage, dass die Anfänge der Kunst in animistischen Kulturen wunderliche Begleiterscheinungen des Ausscheidens des Menschen aus der Natur sind. Die Zeit vor dem Animismus (Preanimismus) – meint Adorno skeptisch – würde laut der Wissenschaft geprägt gewesen sein von einer nicht sinnlichen Weltanschauung, die durch die Allbeseeltheit und Wesenseinheit alles Lebendigen gekennzeichnet ist. Er führt mit Krause fort, welcher die Hypothese vertritt das in der nichtanimistischen Vorzeit die Form an das Stoffliche gebunden war.

Abb. III: Steinmaske (7000 B.C.)

„Eine Änderung der Weseneinheit ist deshalb nur möglich durch Änderung von Stoff und Form, durch völlige Verwandlung des Körpers. Daher die direkte Umwandlung der Wesen ineinander"[24]

So haben rituelle Masken nach Krause nicht nur den Zweck den Träger*innen Kraft zu geben, sondern sie verwandeln ihr Träger*innen durch einen "Formungszauber" in ein "Kraftwesen". Maske und Träger*in werden eins!

Dem stimmt Adorno nur teilweise zu. Er ist sich sicher, dass die das Ritual bewohnende Person sehr wohl zwischen Maskenträger*in und dem Kraftwesen differenzieren kann, aber ... –

"etwas vom Glauben an reale Verwandlung allerdings ist wohl ebenfalls im Phänomen, ähnlich wie Kinder beim Spielen nicht scharf zwischen sich und der gespielten Rolle distinguieren ...".[25]

---

24 Vgl. Krause, a.a.O., S.231.
25 Adorno 1973., S.485.

3. **Die Begriffe *Subjektivität*, *Objektivität* und *Ausdruck***
in Bezug auf die Ursprungsfrage des Wesens der Kunst.

Im folgenden gehe ich auf die von Adorno gebrauchten Begriffe „Subjektivität", „Objektivität" und „Ausdruck" ein. Die Begriffe Subjektivität und Objektivität werden in Adornos Werk „Negative Dialektik" umrissen. Er selbst beschreibt die Negative Dialektik wie folgt:

„Es handelt sich um den Entwurf einer Philosophie, die nicht den Begriff der Identität von Sein und Denken voraussetzt und auch nicht in ihm terminiert, sondern die gerade das Gegenteil, also das Auseinanderweisen von Begriff und Sache, von Subjekt und Objekt, und ihre Unversöhntheit, artikulieren will."[26]

Unter dem „Auseinanderweisen von Begriff und Sache" ist wohl zu verstehen, dass die Identifikation (vermutlich verwandt mit den Vorgängen der Integration und Vereinheitlichung) einer Sache mit einem Begriff darauf beruht, dass die Gemeinsamkeiten verschiedener Sachen als deren Wesen begriffen werden und dass mit dem Vorgang der begrifflichen Identifikation damit etwas von der Identität abschneidet. Abstrahieren die Menschen in Begriffen, so üben sie auf die Dinge automatisch einen Zwang aus, der aus dieser *Nichtidentität* von Sache und Begriff resultiert.[27] Diese zwingende Zuordnung von Begriffen zu einer Sache, bzw. die Kategorisierung von Dingen und Sachverhalten nennt Adorno "Unterjochung".[28] Mit der Negativen Dialektik, also dem Auseinanderweisen von Begriff und Sache entwirft er eine philosophische, in sich logische (dem Positivismus gegenüberstehende) Theorie von Subjektivität und Objektivität. Man kann hieraus erahnen dass sich die Begriffe Subjektivität und Objektivität einander bedingen, d.h. dass sie dialektisch miteinander verbunden sind.

Im Kontext der „Theorien über den Ursprung der Kunst" kann man nun Objektivität zum einen als einen natürlichen Urzustand interpretieren, d.h. die theoretische Vorstellung einer Einbettung alles Lebendigen in einem großen Ganzen, welches unabhängig vom menschlichen Bewusstsein existiert. Dies wurde bereits im Punkt 2. *Die Vereinheitlichung von Kunst durch einen erklärbaren "Begriff"* als Vorstufe zum Animismus kurz erläutert. Zum

26 Wikipedia, Die freie Enzyklopädie. Seite: *Negative Dialektik*, Bearbeitungsstand: 6.10.2019 https://de.wikipedia.org/w/index.php?title=Negative_Dialektik&oldid=194674859 (21.04.2020)
27 Wikipedia, Die freie Enzyklopädie. Seite: *Negative Dialektik*, Bearbeitungsstand: 6.10.2019 https://de.wikipedia.org/w/index.php?title=Negative_Dialektik&oldid=194674859 (21.04.2020)
28 Adorno 1973, S.488.

anderen erlaubt der Begriff der Objektivität, die theoretische omnipotente Perspektive ein Ding oder eine Sache in seiner unbegreiflichen Gesamtheit betrachten, bzw. verstehen zu können. Adorno beschreibt die.Objektivität als undurchdringlich, und als das Ungeschiedene.[29] Subjektivität hingegen ist ein autonomer Raum, der sich durch seine Abtrennung von der Objektivität ergibt und die Existenz von Bewusstsein voraussetzt. Außerdem kann man unter Subjektivität eine individuelle Perspektive auf ein Ding (ein Objekt) oder eine Sache verstehen. Ich vermute, dass Adorno darauf hinaus will, dass der Mensch sich durch die Fähigkeit des Bewusstseins – und konkret durch die Fähigkeit des begrifflichen Denkens (z.B. die Sprache) – selbst subjektiviert hat oder die Eigenschaft des Subjektiven besitzt. In jedem Fall verknüpft der Autor, das evolutionär geformte abstrakte Denken mit dem Begriff der Subjektivierung.

„Eindeutigkeit existiert erst, seitdem Subjektivität sich erhob."[30]

Spielt der Philosoph – In Verbindung mit der Kritik an den Ursprungsfragen der Kunst – auf den Prozess der Loslösung des Menschen aus der Natur, sowie die stetige Entfremdung der menschlichen Zivilisation von seinem natürlichen Ursprung an?

Abb. IV : Sündenfall, Adam und Eva am Baum der Erkenntnis

Was ist Ausdruck und was hat Subjektivierung, Objektivität, bzw. Objektivierung mit Kunst zu tun?

„An diese und eine dem kategorialen Gefüge enthobene Objektivität erinnert Kunst."[31]

---

29 Adorno 1973, S.484.
30 Ebd., S.482.
31 Ebd., S.488..

„Einmal waren die Menschen vielleicht ausdruckslos wie die Tiere, die nicht lachen und weinen, während doch ihre Gestalten objektiv etwas ausdrücken, ohne dass wohl die Tiere es verspürten"[32]

Zeitgleich mit der Subjektivierung – also der Ermöglichung autonomer Betrachtung – lässt sich ein individueller Ausdruck eines Objektes, einer Sache oder eines Lebewesens beschreiben. Dieser Ausdruck, verfestigt oder verdinglicht (z.b. über das Abbilden) bietet sich an, als Medium der "Reflektion".

„Erst mit der Verfestigung von Subjekt zum Selbstbewußtsein verselbstständigt sich der Ausdruck zu dem eines solchen Subjekts, behält aber den Gestus des sich zu etwas Machens."[33]

Mit der Reflektion ist in diesem Fall eine Dynamik gemeint, die mehr ist als nur der in Begriffen fassbare Ausdruck selbst. Wer Ausdruck umstandslos mit einem Kunstobjekt identifiziert, macht diese zu einer invarianten Form des Bewusstseins, zu einer Kategorie.[34] Vielmehr beruht diese Dynamik stets auf der Beziehung zwischen dem jeweiligen subjektiv wahrnehmenden Bewusstsein, dem verfestigten Ausdruck (z.B. einer künstlerischen Momentaufnahme) und der objektiven Wirklichkeit. Diese Gegenüberstellung ist – nach meinem Verständnis – die konstellative Beziehung zwischen einem Kunstobjekt und dem Betrachtenden, einen Raum (oder einen Geist) und einen Zeitpunkt, welcher eine Annäherung an eine Objektivität zulässt. Dabei ist dieser individuelle Vorgang der Annäherung durch den Betrachtenden wiederum selbst subjektiv.

„Während der Ausdruck scheinbar zur Subjektivität rechnet, wohnt ihm, der Entäußerung, ebenso das Nichtich, wohl das Kollektiv inne. Indem das zum Ausdruck erwachende Subjekt dessen Sanktion sucht, ist der Ausdruck bereits Zeugnis eines Risses. ... .
Abbilden könnte als Verdinglichung dieser Verhaltensweise gedeutet werden, feind eben der Regung, welche der freilich seinerseits schon rudimentär objektivierte Ausdruck ist."[35]

Diese Annäherung an das Wesen des (Kunst-)Objekts – so ist meine Vermutung – kann nicht

---

32 Ebd., S.486.
33 Adorno 1973, S.486.
34 Ebd.,, S.481.
35 Ebd., S.485-486.

adäquat in Worte gefasst werden, weil bestimmte Teilbereiche dieser Dynamik außerhalb unseres Bewusstseins liegen. Im Gegenteil! Diese Annäherung an ein Kunstwerk wäre somit aller Wahrscheinlichkeit nach ein rationaler und transzendentaler Vorgang, wobei letzteres im starken Gegensatz zum empirisch-immanenten Denken steht. Meiner Meinung nach – verleiht Adorno der Objektivität einen Charakter des allmächtigen und allumfassenden und dieses zu ergründen, mag eines der Hauptanliegen Adornos gewesen sein.

„Das, was dem Kunstwerk überhaupt seinen Charakter von Verbindlichkeit verleiht, dass, wodurch das Kunstwerk mehr ist, als eben eine bloße Zufällige Bekundung, dass ist eben, das in ihm ein Geist sich objektiviert hat, das es wirklich ein objektiv gewordener Geist ist (...)".[36]

Das Verhältnis von Subjektivierung zu Objektivität, welches uns ein Kunstwerk vorführen kann, schafft einen Raum für ein mit Geist erfülltem Bewusstsein.
Ein Kunstobjekt hat durch seine Mehrdeutigkeit eine autonome Wirkmacht und verhält sich ästhetisch!
Zusammenfassend kann man sagen: Subjektiver Ausdruck ist der beschreibbare Zustand einer Sache oder ein Ding im Moment der Zuordnung und Kategorisierung durch normative gesellschaftliche Mechanismen bzw. dem (individuellen oder kollektiven) Bewusstsein.
Kunst dagegen hat den Anspruch ein potentiell emanzipiertes autonomes Medium zu sein, welches selbst möglichst ganz objektivierter Ausdruck ist. Das Kunstobjekt erzeugt somit eine Dynamik , welche das Verhältnis des Menschen zur Natur offenbart, zum Teil Progression steuert und uns den Charakter der Objektivität (Vielleicht die Natur oder das Göttliche und Übernatürliche) spüren lässt.

„Ausdruck, das naturhafte Moment der Kunst, ist als solches schon ein Anderes als bloße Natur. - Die überaus heterogenen Interpretationen werden ermöglicht von objektiver Mehrdeutigkeit."[37]

---

36 Adorno 1959, S.337. vgl. ebd. S.334.
37 Adorno 1973, S.486.

4. Aus eins zwei drei mach vier - Der Ursprung der Kunst und Ästhetisches Verhalten

Unter dem Punkt *1. Kritik an der wissenschaftlichen Ergründung des Wesens von Kunst* haben wir bereits Adornos Aussagen zu den Amusischen kurz angesprochen. Was aber ist an den Musischen? Was können die Musischen, was die Amusischen nicht können?

"Begriffen wird einzig, wo der Begriff transzendiert, was er begreifen will. Darraufhin macht Kunst die Probe; der Verstand, der solches Begreifen verfemt, wird Dummheit unmittelbar, verfehlt das Objekt, weil er es unterjocht."[38]

Im Zitat ist von einem "Begriff" die Rede, der einen eigenen Willen zum begreifen hat; überhaupt ein Eigenleben besitzt. Konkret könnte dies bedeuten, dass das Ding, die Sache, der Begriff oder der objektivierte Ausdruck selbst voller (objektiver) Wahrheit ist, welche unter bestimmten Vorraussetzungen erfahrbar ist, bzw. über die Mimesis erfahrbar gemacht werden kann. Dies trifft insbesondere auf Kunstobjekte zu, da diese den Anspruch nach von einer bestimmten Zweckmäßigkeit wie der Funktionalität oder eindeutigen Zuordnungen enthoben sind und einen objektivi(e)r(t)en Ausdruck besitzen, welche Wahrheit in sich verkapsel trägt. Besitzen Objekte diese Eigenschaften der Erfahrbarkeit, kann man ihnen einen Erkenntnischarakter zusprechen und es unter Umständen Kunst nennen. Die Erkenntnis wiederum hat nur die Betrachter*in durch ihr subjektives Bewusstsein.
Die Musischen also – so verstehe ich Adorno – haben das Glück, Kunst umfassender und tiefer zu erfahren und zu begreifen. Begreifen in Form von Erkennen. Erkennen in Form von "sich einen Zugang zu etwas Wahren zuverschaffen".

Im Zusammenhang mit der oben beschriebenen Überlegung und dem im Punkt *2.Vereinheitlichung durch den „Begriff"* unternommenen Versuch Adornos Kunstbegriff zu enträtseln, kristallisieren sich für mich nun die folgenden entscheidene Fragen heraus:

1. Mit welchen Methoden kann man sich dem Wesen der Kunst annähern?
2. Aus was entsprang das Wesen der Kunst?

---

38 Adorno 1973, S.488.

Mit welchen Methoden kann man sich dem Wesen der Kunst annähern?

Wiederholt man ein Wort – z.B. Wort, Wort, Wort, Wort, Wort, Wort, Wort, Wort, Wort, Wort, Wort, Wort, Wort, Wort, Wort, Wort, Wort, ... WortWortWortWortWortWort ... wortwortwortwortwortwort – stellt sich ein Effekt ein. Das wiederholte Wort entledigt sich seines Begriffs. Das Wort "Wort" wird zu einem unzugeordneten Laut. Aneinandergereiht werden Laute durch die Wiederholung zu einem Rhytmus und finden bei ausreichender Wiederholung zu einem Eigenleben.

Abb. V : Poster für die Dada-Tour in Holland

„Ästhetische Verhaltensweise ist die Fähigkeit, mehr an den Dingen wahrzunehmen, als sie sind; der Blick, unter dem, was ist, in Bild sich verwandelt."[39]

Schlüßel zur Fähigkeit der Ästhetischen Verhaltensweise ist nach Adorno die Fertigkeit der Mimesis. Mimesis meint – nach meinem Dafürhalten – sich etwas anzunehmen und zu nähern ohne es zu unterjochen. Stehen wir einem Begriff, einer Sache oder einem Ding gegenüber und sind wir in der Lage es mimetisch erfahrbar zu machen, dann haben wir eine Chance auf einen Erkenntnismoment, der vielleicht mit der Situation eines Kleinkindes vergleichbar ist, welches zum ersten Mal im Leben einen Baum sieht und ohne zu wissen was ein überhaupt Baum ist, von einer Faszination (lat. fascinare=behexen) ergriffen ist. Im Zusammenhang mit der Kunst, – ist dafür eine bestimmte Form der Betrachtung nötig, der sich das Kunstwerk objektiv gegenübersieht und die sich nicht in psychologischer individueller Subjektanalyse ergeht.

„Am Ende wäre das ästhetische Verhalten zu definieren als die Fähigkeit, irgend zu erschauern, so als wäre die Gänsehaut das erste ästhetische Bild."[40]

Für den Philosophen Adorno geht es bei authentischer Kunst um das Sein der Sachen selbst, und diese gewaltlos wahrzunehmen und zu übersetzen, in denen wir sie erkennen

---

39 Adorno 1973, S.488.
40 Ebd., S.489.

und erfahren können. Damit kommt dem Ästhetischen Verhalten also die Funktion eines Korrektivs zu, mit dessen Hilfe sich die Welt in ihrer wahren Gestalt offenbaren kann. Außerdem suggeriert er damit, dass eine vorherrschende, als negativ zu bewertende Blindheit in der Gesellschaft existiert; Ästhetisches Verhalten als Mittel der Sensibilisierung und als Zustand des wahren Bewusstseins.

„Ästhetische Verhaltensweise ist das ungeschwächte Korrektiv des mittlerweile zur Totalität sich aufsprießenden verdinglichten Bewusstseins." [41]

Wir halten fest:

Rationalität als Teil des mimetischen Verhaltens, ermöglicht die Autonomie und Kritikfähigkeit der Kunst. Die ästhetische Verhaltensweise korrigiert das verdinglichte Bewusstsein, sie sprengt es wieder auf und hemmt es. Erst durch das Wechselspiel von Rationalität und Mimesis gelingt dem Menschen eine Erkenntnis, welche durchdrungen ist von Wahrheit.

Was ist tatsächlich der Ursprung des Wesen der Kunst?

„Ästhetisches Verhalten aber ist weder Mimesis unmittelbar noch die verdrängte sondern der Prozess, den sie entbindet und in dem sie modifiziert sich erhält." [42]

Die Ästhetisches Verhaltensweise ist demnach ein neueres "Verhalten", welches aus der Mimesis entstammt, aber nicht 1:1 mit ihr gleichzusetzen ist. Jedoch bedingt ästhetisches Vehalten eine mimetische Fertigkeit, welche sich ihrerseits aus den magischen Praktiken der Vorzeit entfachte. Die Loslösung aus magischen Praktiken, durch die verschiedenen kulturellen Evolutionen begründet sich in ihrer Teilhabe an Rationalität. Damit wird die rationale Denkweise zu einer dominanten, das mimetische Verhalten verdrängenden, (nur) scheinbaren Erkenntnis. Der mimetische Impuls ist demzufolge ein Überbleibsel aus der Urzeit, der der Rationalität gegenübersteht und innerhalb der Subjekt-Objekt Beziehung schlummert.

„Hätte die ästhetische Verhaltensweise, früher als alle Objektivation, sich aber sei´s noch so unbestimmt von den magischen Praktiken einmal gesondert, so eignet ihr seitdem etwas vom

---

41 Adorno 1973, S.488.
42 Ebd., S.489.

Überrest, wie wenn die in die biologische Schicht zurückreichende, funktionslos gewordene Mimesis, als eingeschliffene festgehalten würde, ...[43]

Abschließende Bemerkungen

Schlußfolgernd kann man abschließend aus Adornos Text zusammenfassen: Der Grundstein des Wesens der Kunst wurde mit der Menschwerdung selbst gelegt. Die Mechanismen des Bewusstseins, seine mimetischen Fertigkeiten, welche gegenwärtig in Konkurrenz zu einem rationalisierten verdinglichten Weltbild stehen, suchen Zuflucht in der Kunst.

Adorno plädiert ganz klar für eine Annährung an die Kunst, die das Intellektuelle, Geistige und Transzendente einschließt und darüber hinaus Erkenntnis und Selbstbestimmung des Individuums, bzw. einer Gesellschaft zu Folge haben soll.

Ästhetisches Verhalten – so scheint mir – ist für Adorno eine Art transzendentale Zugangsmöglichkeit zu einem Verständnis der Welt, welches uns aus dem Gefängnis des abstrakten Denkens befreit. Es ist, als wollte Adorno sagen, dass es einen Einklang mit der Natur gegeben hätte, denn es zum Teil wiederherzustellen gibt. Es ist für mich ein romantischer Gedanke, der mich an biblische Paradiesvorstellungen erinnert.

Der Wunsch des Menschen wieder versöhnt mit der Natur und geborgen in einer von Liebe beseelten Welt zu sein, war vielleicht die innerste Triebfeder des kulturkritischen Philosophen Adorno. Die Einsamkeit des Individuums, seine autonome Seele, kurz: die Sonderstellung des Menschen in der Natur sind die Ursachen tiefer Leiden, welche durchbrochen werden wollen.

„Solche konstitutive Beziehung des Subjekts auf Objektivität in der ästhetischen Verhaltensweise vermählt Eros und Erkenntnis."

---

43   Ebd., S.487.

Abbildungsnachweis

Abb. 01:

Hausarbeit, 2020

Bildquelle, Photograhphie und Copyright: Johannes Rudloff

Abb. 02:

Autor: Theobald von Oer, *Der Weimarer Musenhof. Schiller in Tiefurt dem Hof vorlesend*, 1860

Bildquelle: Freie Enzyklopädie Wikipedia, Photographie: unbekannt

https://commons.wikimedia.org/wiki/File:Oer-Weimarer_Musenhof.jpg

(22.04.2020).

Abb. 03:

Steinmaske, 7000 v. Chr.

Ausst. Kat: Wir sind Masken, hg. Von Sylvia Ferino-Pagden.

Museum für Völkerkunde Wien, 24.06-28.09.2009. Mailand

2009, S.69 l.1.

Abb. 04:

Orvieto - Adam und Eva am Baum der Erkenntnis, 1310

Orvieto, Dom, Westfassade

Autor: Unbekannt.

Abb. 05:

Dada Poster für die Dada Tour in Holland, 1922

Phaidon-Reihe: Themes and movements: Dada / ed. by Rudolf Kuenzli, London; New York: Phaidon, 2006, S. 122.

Literaturverzeichnis

Adorno, Theodor W.:

Ästhetische Theorie

Posthum herausgegeben von Gretel Adorno und Wolfgang Thiedemann

20. Auflage, Frankfurt am Main, 2017

Originalausgabe: Frankfurt am Main, 1973.

Adorno, Theodor W.:

Minima Moralia – Reflexionen aus dem beschädigten Lebendigen

Herausgegeben: Rolf Thiedemann, 2.Auflage o.O, 2018,

Originalausgabe: Frankfurt am Main, 1951)

Adorno, Theodor W.:

Ästethik (1958/59)

21. Vorlesung vom 12.02.1959

Harari, Yuval Noah:

Eine kurze Geschichte der Menscheit

München, 2013.

Hauser, Arnold:

Sozialgeschichte der Kunst und Literatur

München, 1967.

Krause, Fritz:

Ethnologische Studien

Leipzig, 1929

Schweppenhäuser, Gerhard:

Theodor W. Adorno - zur Einführung

Hamburg, 2017.

Werner, Heinz:

Einführung in die Entwicklungspsychologie

Leipzig, 1926

ZUSÄTZLICHE QUELLEN:

Wikipedia, Die freie Enzyklopädie.
Aufklärung
Bearbeitungsstand: 11. April 2020
Autor(en): Wikipedia-Autoren
Link: https://de.wikipedia.org/wiki/Aufkl%C3%A4rung (19.04.2020)

Wikipedia, Die freie Enzyklopädie.
Negative Dialektik
Bearbeitungsstand: 6.10.2019
Autor(en): Wikipedia-Autoren
Link: https://de.wikipedia.org/w/index.php?title=Negative_Dialektik&oldid=194674859
(21.04.2020)

Youtube:
Ein Gespräch zwischen Theodor W. Adorno und Arnold Gehlen für den Südwestfunk
(Original gesendet am 28.03.1966)
User: diagonetik, veröffentlicht: 07.12.2017
Link: https://www.youtube.com/watch?v=FcZ05jxCLGs (19.04.2020)